Klaus Stuttmann

Politische Karikaturen 2020

Mit einem **Vorwort** von **Saskia Wagner**
und monatlichen Erinnerungshilfen von **Walther Fekl**

Schaltzeit Verlag

Vorwort

Im Frühjahr 2020 war plötzlich alles anders. Corona. Lockdown. Geschäfte, Gaststätten, Schulen, Kulturbetriebe geschlossen. An Reisen bis auf weiteres nicht zu denken. Die Realität nicht mehr die, die man einmal kannte. Ein Jahr zuvor war die Welt noch in Ordnung. So scheint es zumindest rückblickend. Natürlich war sie es nicht. Denn es gab sie schon, die Trumps und Putins, die Maduros und Erdogans und wie sie alle heißen. Das Klima ging auch schon den Bach runter und Großbritannien versank schon im Brexit-Chaos. Aber zumindest war es der ganz normale Wahnsinn.

Aber sei's drum. An einem Donnerstag im April 2019 war die Welt jedenfalls sehr in Ordnung. An jenem Tag nämlich, einem sonnigen, fast sommerlichen Frühlingstag, besuchte ich Klaus Stuttmann in Berlin, um seine nahende Einzelausstellung in der Caricatura Galerie in Kassel vorzubesprechen. Über die groben Inhalte der Ausstellung waren wir uns schnell einig, doch vom Tag war noch viel übrig, und so plauderten wir über dies und jenes – zuerst in Stuttmanns Wohnung und Atelier, später bei dem ein oder anderen Glas Wein bei seinem Hausitaliener nur wenige Meter entfernt. Plaudern über dies und jenes, das kann man gut mit Klaus Stuttmann. Tags darauf ging es zurück nach Kassel, allerdings mit einem Gefühl wie nach einem erholsamen langen Wochenende, nicht wie nach einer eintägigen Dienstreise. Einen in Urlaubstimmung versetzten. Das kann er gut, der Klaus Stuttmann.

Zurück in Kassel stellte die Vorbereitung der Ausstellung anlässlich von Klaus Stuttmanns siebzigsten Geburtstags das Caricatura-Team und mich vor ungeahnte Probleme. Zuerst einmal war die Frage zu klären, welche Auswahl von Arbeiten wir zeigen sollten. Müßig zu erwähnen, dass Stuttmann tagesaktuell arbeitet, also jeden Tag sechs Tage die Woche mindestens eine Karikatur zeichnet. Nicht selten sind es zwei. Da kommt also ordentlich was zusammen. Im Jahr sind es weit mehr als 300 Karikaturen, denn er zeichnet ja nicht nur für Tageszeitungen, sondern auch für andere Arbeitgeber. Hochgerechnet auf 30 Jahre Schaffenszeit als politischer Karikaturist – und davor hat er natürlich auch schon gezeichnet – kann sein Gesamtwerk also auf über 10.000 Karikaturen geschätzt werden. Und wer weiß, wie hoch die Dunkelziffer ist. Und es kam noch schlimmer: Wenn man sich Stuttmanns Zeichnungen in der Summe anschaut, stellt sich heraus, dass es praktisch keinen Ausschuss gibt. Man kann also grundsätzlich erst einmal jede Karikatur, die er jemals produziert hat, nicht nur guten Gewissens, sondern auch frohen Mutes in einer Ausstellung präsentieren. Dafür bräuchte man mindestens zehn Kilometer Wandfläche. Haben wir nicht. – Was also tun? Kurz gesagt, wir haben uns entschlossen, dem Vorbild dieser wunderbaren Jahrbücher zu folgen und uns auf Karikaturen aus dem aktuellen Jahr beschränkt, denn immerhin ist Aktualität ja der Begriff, der über Stuttmanns Arbeitsweise steht. Und selbst dann fiel die Auswahl noch schwer, aber das soll als kurzer Einblick in die Problematik bei der Erstellung einer Klaus-Stuttmann-Ausstellung genügen.

Ein Jahr später, im Frühjahr 2020, waren die Probleme für uns als Ausstellungshaus anders gelagert. Wieder war eine Ausstellung vorzubereiten, doch während eines noch nie dagewesenen Lockdowns mit zu diesem Zeitpunkt noch unbestimmter Dauer und ohne das Wissen darum, wann, ob überhaupt und wenn ja, unter welchen Bedingungen wir sie würden eröffnen können. Wenn die Welt plötzlich eine andere ist, ist man froh über jede Konstante. Eine davon sind die Karikaturen von Klaus Stuttmann, die nach wie vor fast täglich fast flächendeckend in deutschen Tageszeitungen erscheinen. Wie kein Zweiter beleuchtet er in ihnen nun auch das alles beherrschende Thema „Corona" von allen Seiten – ohne dabei jedoch anderes in Vergessenheit geraten zu lassen; drohende Tendenzen, wie einen weiterhin durch die Gesellschaft gehenden Rechtsruck außer Acht zu lassen. Einmal mehr erweist er sich damit als scharfsinniger Chronist des Weltgeschehens – auch oder vielleicht gerade in dieser unübersichtlichen Zeit, in der ich nicht selten an jenen Donnerstag im April 2019 zurückdenke, als die Welt noch eine andere war. Danke dafür, lieber Klaus!

Saskia Wagner

(stellvertretende Geschäftsführerin und Kuratorin der Caricatura – Galerie für Komische Kunst in Kassel)

2019 

Nicht wundern! Wegen des notwendigen frühen Redaktionsschlusses geht bei uns das Jahr von November bis Oktober... !!!

Das Jahr, auf das wir zurückblicken war, wie noch keines zuvor, von einem großen Thema bestimmt: Corona, alias Covid 19, alias SARS-CoV-2. Wir beginnen daher unsere monatlichen Erinnerungshilfen mit einer Kurzdarstellung der Lage der Nation und des Rests der Welt in Sachen Virus (in Schrägdruck). Angereichert wurde diese immer wieder um Zitate aus (mehr oder weniger) berufenem Mund, unter besonderer Berücksichtigung des Welt-Chefvirologen Donald Trump.

Ende November/ Anfang Dezember taucht in China erstmals eine neuartige Lungenerkrankung auf. Mediziner, die vor einer heraufziehenden Gefahr warnen, werden vom Regime mundtot gemacht. Zu Jahresende werden die ersten Fälle der Weltgesundheitsorganisation WHO gemeldet.

Endgültig aus, die Maut. Das Vorzeige-Projekt der letzten CSU-Verkehrsminister ist katastrophal gescheitert. Andi Scheuer hat es dank unfasslicher Nachlässigkeit bei Vertragsschluss geschafft, auf diese Art ca. 500 Mio. Euro zu verbrennen. Ein Rücktritt kommt offenbar trotzdem nicht in Frage. Die Koalitionsarithmetik rechnet offenbar mit anderen Größen.

Lupenrein rechtsstaatliche Logik. Im Tiergarten in Berlin wurde ein Mord begangen. Viele Indizien weisen auf staatliche Stellen in Moskau als Auftraggeber. Dort hält man es für ein rechtfertigendes Argument, in der Vergangenheit des Opfers – offenkundig kein Unschuldslamm – Tatmotive zu finden.

NeoNATOlogie. Das ist eigentlich der wissenschaftliche Begriff für den Teil der Medizin, der sich mit Neu- und Frühgeborenen befasst. Im Fall des Nordatlantischen Verteidigungsbündnisses, das die Präsidenten Trump und Macron als „obsolet" bzw. „hirntot" bezeichnet haben, scheint es sich eher um eine Unterabteilung der politischen Geriatrie, wenn nicht gar der Sterbebegleitung zu handeln.

Der falsche Feind. Das Preisdumping von Lebensmittelindustrie und Supermarktketten hat die Bauern in eine fatale Produktivismus-Spirale getrieben, die – das dürfte inzwischen die auch im Volk herrschende Meinung sein – zunehmend unsere Lebensgrundlagen, allen voran die der Bauern, bedroht. Die Bauernverbände organisieren trotz alledem eine große Traktoren-Demo in Berlin, bei der man vor allem gegen Maßnahmen zum Schutz der Natur (Verbot von Überdüngung, niedrigere Nitratwerte im Boden und relativ geringfügige Einschränkungen der Massentierhaltung) protestiert.

Das Desaster von Madrid. So betitelt der SPIEGEL seinen Bericht über die Umweltkonferenz. Viel freundlichere Beurteilungen dieser praktisch ergebnislosen Veranstaltung sind nirgends zu finden.

Rad ab? Wirtschaftsminister Altmaier verlangt einen Mindestabstand von 1.000 Metern zwischen Windrädern und Ansiedlungen ab einer Größe von fünf Häusern. Wie wär's denn, wenn man Ähnliches für Straßen vorsähe? Das wäre doch eine lohnende Aufgabe für den Verkehrsminister, der ein neues Projekt braucht.

Das Kreuz mit dem Haken. Ein sachsen-anhaltinischer CDU-Kommunalpolitiker und Rechtsausleger bringt die dortige Ampel-Koalition an den Rand des Scheiterns. Seine einschlägigen Tätowierungen und das zögerliche Lavieren seiner Partei lassen die Grünen fragen, wieviele Hakenkreuze in der CDU des Landes eigentlich möglich sind. Die Partei muss die Frage nicht mehr beantworten, weil ihr Mitglied Robert Möritz den Austritt erklärt.

W.F.

KS 19
Die Öffnung einer Mauer feiern – wie krank ist das denn?!?

Äh sorry... Mir ist hier ein kleines Malheur passiert...!
MAUT

Und jetzt mir nachsprechen: Ich gelobe der Bundesrepublik Deutschland treu zu dienen und das Recht und die Freiheit der Annegret Kramp-Karrenbauer gegen alle innerparteilichen Angriffe zu verteidigen!!
KS 19

KNATTER RATTER TOK TOK!! *
RUMMS BUMMS!! **
PÄNG TSCHACK, WUMM!! ***
* "Wir müssen in der Welt!"
** "Endlich mehr!"
*** "Verantwortung übernehmen!"

Hirntot oder nicht hirntot?

Das Ärzteteam berät sich noch...

Dieser Getötete im Kleinen Tiergarten war ein Bandit, blutrünstig und brutal!
Aber auch einen blutrünstigen und brutalen Banditen erschießt man doch nicht einfach so!
Dich erschießt man doch auch nicht einfach so!

Halbzeit - Bilanz

Fahrgemeinschaft…

WILLY-BRANDT-HAUS
56 Regionalkonferenzen über 12 Monate danach 18 Anhörungen, 3 Mitgliederabstimmungen und 2 Sonderparteitage — um was geht es dieses Mal?!
Ob von der gewählten Doppelspitze jetzt die Frau oder der Mann Kanzlerkandidat wird!
SPD
KS 19

Die SPD kurz vor ihrem Untergang

Gretas Abenteuerreisen...

Fantastisch! Durch Klimawandel und Hochwasser können wir jetzt noch viel näher an Venedig ranfahren!

Neue deutsche Honigsorten?!
Nitrathonig, Glyphosathonig und Güllehonig!

Krass, so viele Trecker! Und so viele verschiedene!!
Es gibt sie eben noch, die Artenvielfalt auf dem Lande!
KS 19

Unerträglich, der Krach dieser Windräder!!
KS/19

Offene Fragen nach Madrid …

Die G-20-Staaten auf dem Weg zu ihren Klimazielen ...

SACHSEN-ANHALTS
CDU
Hilfe! Da bröckelt was!
KS 19

Wieder mal so ein Missverständnis …

CDU
THÜRINGEN
Man wird das doch noch mal vorschlagen dürfen!
KS 19

Waffenexporte so hoch wie nie! Damit wird geballert, geknallt und geschossen auf der ganzen Welt!!
Und zum Ausgleich gibt es bei uns Böllerverbote!
KS 19

Voller Optimismus ins Jahr 2020!!

Januar

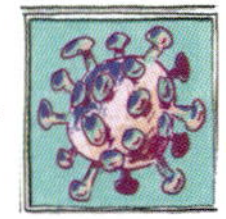

Am 9. des Monats ist erstmals öffentlich von einem neuartigen Corona-Virus die Rede und es gibt den ersten Todesfall in China, gegen Ende des Monats die ersten Erkrankungen in den USA und Europa, auch in Deutschland. Die WHO erklärt eine „gesundheitliche Notlage von internationaler Tragweite".

Kohle hat Vorrang. Australien verzeichnet die schlimmsten Wald- und Buschbrände in der Geschichte des Landes. Fauna und Flora eines Kontinents werden in ungekanntem Ausmaß vernichtet. Die Rolle der Erderwärmung ist offensichtlich. Doch die Regierung hält an der Nutzung der fossilen Energie fest. Profitstreben ist stärker als der Selbsterhaltungstrieb.

Der kleine Diktator. 120-160 Nanometer misst er gerade mal, der bislang unscheinbarste und fatalste Protagonist eines Jahres. Noch ist Corona v.a. ein chinesisches Problem, seine Krönung zum Weltenherrscher wird leider nicht lange auf sich warten lassen. Die Maske wird zur Metapher des Jahres.

Synergie. So heißt das wohl neuerdings, wenn ein schwer havariertes Schiff sich als Lotsen einen abgehalfterten Kapitän zulegt. Anders gesagt: Sigmar Gabriel heuert bei der Deutschen Bank an. Seine guten Beziehungen werden auch für gute Bezüge sorgen. Dem angeschlagenen Profil seiner Partei wird das weniger gut tun. Aber was schert sie das, die Resteverwerter Schröder, Gabriel & Co!

Verkohlt und verdattelt. Bund und Länder einigen sich auf den Kohleausstieg. Aber das neue Kohlekraftwerk Datteln IV soll und wird Ende Mai ans Netz gehen.

„Purer Unsinn". So bezeichnet die ZEIT am 29.1. Donald Trumps Friedensplan für Nahost. Dieser hält zwar formal an der Zweistaatenlösung für Israel und Palästina fest, nur lässt er den Palästinensern kein zusammenhängendes, funktionsfähiges Staatsgebiet. Kurz: „Er ist chaotisch und hinterlässt mehr Zwietracht als Frieden", amateurhaft wie die gesamte Außenpolitik des Präsidenten, so die gleiche Quelle. Gut möglich, dass er ohnehin eher innenpolitische Ziele verfolgt.

Impeachments. Gegen Richard Nixon war wegen des Watergate-Skandals ein Amtsenthebungsverfahren in Vorbereitung. Bei Bill Clinton war der Ausgangspunkt eine Sex-Affäre. Bei Trump geht es wieder um eklatanten Amtsmissbrauch, u.a. um den Vorwurf, Waffenlieferungen an die Ukraine habe er von der Lieferung von Wahlkampfmunition gegen Joe Biden abhängig gemacht. Doch wo ein reichlich hartgesottener Nixon nur den Rücktritt als Ausweg sah, sieht sich ein Trump voll im Recht. Das könnte daran liegen, dass er das Worte nur im Sinn von Recht des Stärkeren kennt.

Katastrophe. Der Iran gibt nach anfänglichen Vertuschungsversuchen den versehentlichen Abschuss einer ukrainischen Passagiermaschine zu. 147 der 176 Opfer sind Iraner. Es kommt zu heftigen Protesten.

W.F.

Ist mir zu kalt!!
Die Ozeane früher ...
Ist mir zu heiß!!
... und heute

In Davos beraten jetzt 3000 Brandstifter, wie man gewinnbringend die Feuer löschen könnte!

KS 20
In diesem Jahr werden hier zum ersten Mal keine lebenden Tiere verspeist!
Sind alle verbrannt!
Dschungelcamp
AUSTRALIEN

Er bereitet sich atmungstechnisch gerade auf die Australian Open vor!

WORLD ECONOMIC FORUM
Strafzölle auf Umweltkatastrophen, Sanktionen gegen die Erderwärmung – und schon wird der liebe Gott klein beigeben und uns wieder ordentliches Klima liefern!!
KS 20

Der Titel lautet: IMPEACHMENT – DER HEXENPROZESS.
Ein großartiges Werk!
KS 20

Jetzt bist du wieder dran!

Wenigstens ist die Welt jetzt gewarnt, dass man uns mit Passagierflugzeugen nicht angreifen sollte: Die treffen wir jederzeit und ohne Vorwarnung!!
KS 20

Der Nahost-Friedhof...

Die Regierung ist schon sehr in Sorge!
Dass jetzt die Gesichtserkennung bei der Videoüberwachung nicht mehr funktioniert!

Man hat Sie also brutal überfallen und ausgeraubt! Und was nahmen die Täter mit? Geld? Ausweise? Telefone? Uhren?
Unseren Mundschutz!
CHIRURGIE →
← KARDIOLOGIE
POLIZEI

Rechtsextremismus-Virus verbreitet sich in der Bundeswehr!

Maßnahme zur Eindämmung ...

Ich fass es nicht!! Wie können die Leute nur so blöd sein, mir all die Fakes zu glauben?! Und diesen ganzen Unsinn mitzumachen?! Das macht mich wahnsinnig!! Das macht mich total depressiv!!
KS 20
Das 1. Brexit-Opfer ...

Mit Wodka ist Schluss! Dafür gibt es jetzt eine neue Flasche Korn!!
Alkoholausstieg

Mit Braunkohle ist Schluss! Dafür gibt es jetzt ein neues Steinkohlekraftwerk!
Datteln 4
Kohleausstieg

SIEMENS
Fridays for Future!
Mondays, Tuesdays, Wednesdays and Thursdays for Kohle!!

Sigmar Gabriel
SPD

Eine Institution …

… ändert ihre Meinung

Februar 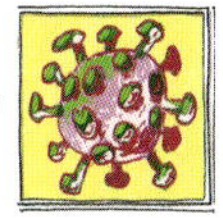

Das neue Virus wird getauft auf den Namen Covid-19 (Corona-Virus SARS-CoV-2). Mitte des Monats gibt es den ersten Todesfall in Europa (Frankreich). Besonders rasch verbreitet sich das Virus aber in Italien, die ersten Städte im Norden werden abgeriegelt. US-Präsident Donald Trump weiß dagegen, wie unbedeutend das Problem ist: „Es ist in etwa wie die normale Grippe." / „Es sieht so aus, als müsste es im April vorbei sein." Und er attackiert: „Die Fake-News-Medien und ihre Partner, die Demokratische Partei, tun alles, um die Corona-Lage stärker anzuheizen, als es die Fakten hergeben."

Er hat sie gejagt. In Hanau tötet ein rechtsextremer Verschwörungstheoretiker neun Menschen mit Migrationshintergrund, dann seine Mutter und sich selbst. Die Bekennertexte, die er hinterlässt, weisen nach Meinung von Extremismus-Experten deutliche Parallelen zur Ideologie der AfD auf.

Corona. Das Virus ist kein Importartikel mehr, es verbreitet sich intern unkontrolliert und es beginnt damit, die Unzulänglichkeiten unseres Gesellschaftsmodells offenzulegen. Nun rächt sich, dass staatliche Vorsorge Kostengesichtspunkten untergeordnet wurde. Masken und Schutzanzüge sind bereits Mangelware und entsprechend inflationär verteuert. Der Staat, den man jahrzehntelang geschwächt hat, wird wieder gebraucht und soll plötzlich alles richten.

Närrische Zeiten. Manche hatten ein Verbot erwartet, doch der Karneval darf toben. Es tanzt sich so schön heiß auf dem Vulkan.

Verlierer und Gewinner. Die sanitäre Krise hat den Phänomenen Fremdenfeindlichkeit und Rassenhass nicht den Garaus gemacht, sie schwächt gleichwohl die AfD, die sich aufs Verharmlosen, wenn nicht gar Verleugnen der Bedrohung durch Corona verlegt hat. Auch die demokratischen Oppositionsparteien schwächeln. In Krisenzeiten schlägt die Stunde der Exekutive. Die Kanzlerin erreicht wieder Popularitätswerte wie in ihren besten Zeiten. Auch der Gesundheitsminister wird's zu nutzen wissen.

Fiasko zu Erfurt. Die CDU-Fraktion lässt sich darauf ein, mit AfD-Unterstützung den rechtslastigen FDP-Mann Kemmerich zum Ministerpräsidenten zu küren. Doch die Verschwörung geht nicht auf. Bedrängt von seinem opportunistisch taktierenden kurzzeitigen Unterstützer Lindner, erklärt Kemmerich sich zum Rücktritt bereit, ohne ihn aber einzureichen. Das Chaos ist perfekt. AKK taktiert ebenso unglücklich wie der lokale CDU-Vorsitzende. Am Ende verlieren beide ihren Posten. Frei nach Schiller (Die Verschwörung des Fiesco zu Genua): Der Mohring hat seine Schuldigkeit getan, der Mohring kann geh'n. AKK kündigt ihren Rückzug vom Parteivorsitz und den Verzicht auf die Kanzlerkandidatur an.

Schluss mit weiblich. Eine CDU-Kanzlerin, eine CDU-Generalsekretärin – da fehlt uns eigentlich nur noch eine Frau als Bundestrainerin. Nachdem die SPD ihre erste Vorsitzende abserviert hat, tut das die CDU in ähnlich uneleganter Manier. Für die Herrschaft in der Partei und für die Kanzler-Kandidatur stehen vorerst nur vier Männer aus NRW zur Wahl. „La femme est l'avenir de l'homme", sagte der Dichter Aragon. Ob damit die Frau als Zukunft des Mannes oder des Menschen gemeint ist, lässt die französische Sprache offen. In der CDU ist es auf jeden Fall umgekehrt.

W.F.

KS 20
Wir brauchen endlich mal wieder einen Massenmörder, der Allahu Akbar ruft!!
Die Saat der AfD geht auf!!

Eine schlimme Heuschreckenplage überfällt gerade Ostafrika!
Das kann uns hier zum Glück nicht passieren!
KS 20

Keine Angst! Wir haben alles im Griff!!

Wolle mer'n eroillosse ?!

Alles leer!!!
Das Wichtigste jetzt: Keine Panik!!

Lotto-
gewinner?
Mundschutz-
fabrikant!

Wir hatten gezielt durch den Abbau von Kapazitäten eine Menge Geld eingespart! Was uns jetzt in die glückliche Lage versetzt, mit diesem Geld den aktuellen Wiederaufbau dieser Kapazitäten problemlos finanzieren zu können!
Krankenhaus
Genial!!
KS 20

Wir sollen einen Impfstoff entwickeln, um eine Epidemie zu verhindern?
Corona?
Rassenhass!
KS 20

Bester Schutz vor Ansteckung ...

Das Büro von AKK?
3. Türe rechts!
ABSTELL-
KAMMER
KS/20

Super! Mieten wir! Ist genau die richtige Location für unseren nächsten CDU-Parteitag!

Wir sind vielleicht kein Team. Aber endlich wieder eine reine Mannschaft!!

Die Lösung

CDU-Masterplan für Thüringen

März

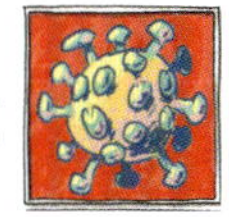

Corona übernimmt die Macht weltweit. Am 11. ruft die WHO eine Pandemie aus, die USA am 13. den nationalen Notstand. Der Bundestag stellt am 25. eine „epidemische Notlage von nationaler Tragweite fest“, am 27. werden weitgehende Kontaktbeschränkungen und Abstandsgebote verhängt, erste Betriebe (Gastronomie, Friseure u.ä.) geschlossen. Über den Sinn von Masken wird gestritten. Es sind sowieso keine verfügbar. Es kommt zu Hamsterkäufen. Die Bundesregierung kündigt ein Hilfsprogramm für die Wirtschaft von 156 Mrd. € an. Der US-Präsident wusste wieder mal als erster, dass es eine Pandemie ist. Als medizinisches „Naturtalent“ (Selbsteinschätzung) fragt er sich: „Vielleicht hätte ich das tun sollen, anstatt als Präsident zu kandidieren."

Viel Lärm um nichts? Dank – fast vollständiger – Enthaltung der CDU wird in Thüringen der Linken-Politiker Bodo Ramelow wieder zum Ministerpräsidenten gewählt. Die FDP nimmt demonstrativ nicht an der Wahl teil. Will sie vielleicht zeigen, dass sie mit dem ganzen Schlamassel nichts zu tun hat?

Mikro-Virus und Macron-Politik. Der französische Präsident übt sich in Kriegsrhetorik. Ein innerer (oder äußerer) Feind ist immer gut, wenn die Umfragewerte schlecht sind. Und im Konfliktfall sinkt die Bereitschaft, das Führungspersonal auszuwechseln. Die Franzosen werden sich auch an das gewöhnen müssen: höchstens eine Stunde Ausgang pro Tag, höchstens 1 km Entfernung von der eigenen Wohnung, Parks und Anlagen geschlossen, usw. usf. Hätten die angeblich so braven Deutschen geschluckt, was man den angeblich so aufmüpfigen Franzosen zumutet?

Orbanalitäten. Eine Krise hat ihre Vorteile. Wer schaut da noch genau hin, wenn in einem kleinen europäischen Land Luxusartikel wie Rechtsstaatlichkeit, Freiheit von Forschung und Lehre, Meinungsfreiheit und Diskriminierungsverbot beseitigt werden? Ein EU-Resolutiönchen dagegen und man kann zur Tagesordnung übergehen.

Testkapazitäten. Die sind weltweit ausgelastet, nur nicht in Nordkorea, das unter seinem Großen Vorsitzenden beim besten Willen keinen einzigen Corona-Fall melden kann. Man hält eben Abstand zu allen anderen. Doch gerät man so rasch in Vergessenheit. Was tun? Na, man macht halt einen Raketentest, damit man von Onkel Donald nicht vergessen wird.

Binnengrenzen. Die 1989 Zäune einreißenden Osteuropäer, die seither zu echten Borderlinern, zu Grenz-Fetischisten mutierten, können jubeln. Schlagbäume sprießen aus dem Boden und schlagen allenthalben aus. Natürlich nicht nur im Innern. Im Gegenteil. Ausschlaggebend sind die nach draußen.

Außengrenzen. Corona verbannt fast alle anderen Probleme aus den Nachrichten, schafft sie aber nicht aus der Welt. Der weltweite Migrationsdruck hält an, auch weil wir – und nicht nur die bösen Trump-Amerikaner – die Migranten ohne Prüfung ihrer Motive an der Grenze anhalten. Wie lang will Europa das durchhalten – unter Verlust von Menschenleben sowie der eigenen Menschlichkeit und Werteordnung.

W.F.

Man wird ja noch mal in Ruhe nachdenken dürfen …

Fantastisch!
Mein Überleben
ist gesichert!

Macron hat dem Corona-Virus den Krieg erklärt!
Endlich tut mal einer was!

Wir haben wieder mehrere Raketen getestet –
Keine war infiziert!!
KS 20
Gute Nachrichten aus Nordkorea ...

Ich tue wirklich alles dafür, unseren Ärzten, Sanitätern und Pflegern ausreichend Schutzausrüstung zur Verfügung zu stellen!!
KS 20

Was bleiben wird nach der Corona-Krise ...
Abstand halten!!

Hatten Sie gestern einen schönen Frauentag? Cool! Super! Dann bringen Sie mir jetzt mal meinen Kaffee!

Das Virus trifft uns alle …

… gleichermaßen

In wenigen Minuten beginnt das Spiel, natürlich ohne Publikum. Aber wo bleiben die Spieler?!
Die kicken heute im Homeoffice!

In Italien schon Realität!

Die Seuchenbekämpfer Scholz & Altmaier

Pandemie gestoppt!!
In Thüringen konnte endlich die Ansteckungs-kette durch-brochen werden!!

Ganz, ganz wichtig:
Händewaschen!!
KS 20

Hallo Flüchtlinge! Bleibt in der Türkei! Es macht keinen Sinn nach Deutschland zu kommen! Es gibt hier nichts mehr! Alles ausverkauft!!
KS 20

Keine Sorge,
wir schicken sie
doch nur in
Quarantäne!
Demokratie
KS 20

Risikopatientin ....

Was Europa jetzt verbindet...
Italien
Deutschland
Polen
Ungarn
Spanien
Österreich
Dänemark
Slowakei
Tschechien
Litauen
Lettland
Estland

Wir möchten in die USA. Wie kommen wir da rein?!
Keine Ahnung. Hier geht es nach Europa!

Die Zukunft...

Ich werde ihn zur Strecke bringen!
Versprochen!!
WANTED!
Tot oder lebendig!
Die Welt kann aufatmen!

Trump nicht infiziert!

April 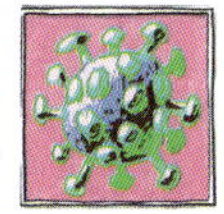

Teils werden regionale Maßnahmen bundesweit verpflichtend (wie Mund- und Nasenschutz in Transport und Einzelhandel), teils kommt es zu ersten Lockerungen (z.B. Geschäftsöffnungen). Jedenfalls interpretiert jedes Bundesland die Einigung von Mitte des Monats, wie es will. So halten viele es auch mit Schengen: die meisten Staaten beschließen einseitige Grenzschließungen und medizinische Solidarität wird in Europa klein geschrieben. Immerhin beschließt die EU Kredithilfen in Höhe von ca. 500 Mrd. €. Boris Johnson, einer der großen Corona-Verharmloser, erleidet eine schwere Infektion. Sein Artgenosse Trump lehnt die Maske trotzdem weiter ab: „Das ist freiwillig. Ich habe mich entschieden, es nicht zu tun." Dafür interessiert er sich für die Möglichkeit, Desinfektionsmittel zu spritzen und fragt allen Ernstes Mediziner: „Gibt es einen Weg, wie wir so etwas machen könnten?"

Lockerungsübungen. Die Bundeskanzlerin sagt Basta zu den „ Öffnungsdiskussionsorgien", wie sie es nennt. In der Tat legt fast jedes Bundesland noch eins drauf auf die gemeinsamen Beschlüsse vom 15.4. und interpretiert diese ohnehin je nach Eigenbedarf. Generell soll gelten: Öffnen können Geschäfte bis zu 800 qm Verkaufsfläche. In NRW geht mehr und das Land öffnet auch die Möbelhäuser. Bayern bleibt besonders restriktiv und sagt sogar bereits „die Wies'n" ab. Ein gefährliches Unterfangen für einen Zuagroasten (sprich: Zugereisten) aus Franken.

Hörfehler? Das deutsche „Basta" zu den sog. Corona-Bonds und auch zu jeglicher anderen Art der Vergemeinschaftung von Schulden halten viele EU-Staaten echt für den Gipfel. Europäische Solidarität wird eingefordert, und die Deutschen verstehen immer nur „Solidität".

GröPaZ. Trump unterstellt China, das Virus möglicherweise gezielt eingesetzt zu haben. Jeden Tag wird eine neue Sau durch das Weiße Haus getrieben: mal ist das Virus harmlos, mal ist China an allem schuld, mal die Globalisierung, mal die WHO, mal die Europäer. Nur einer hat immer recht, auch wenn er sich ständig selbst widerspricht: Donald the Great, der **Grö**ßte **P**räsident **a**ller **Z**eiten.

Plattentektonik. Die Kontinentaldrift hieß mal so, weil bereits der Begriff anschaulich macht, wie sich die Kontinente in geologischen Zeiträumen voneinander entfernen. Inzwischen ist das Auseinanderdriften zu einem europäischen Binnenphänomen im Zeitraffer geworden. Solidarität in Corona-Zeiten: Fehlanzeige. Die Errichtung neuer Gräben und Grenzen hat Hochkonjunktur. Man jagt sich gegenseitig die Maskenlieferungen ab (dies übrigens auch in transatlantischer Rivalität). Von gemeinsamer Schuldenaufnahme der EU-Länder will man in Berlin schon gar nichts wissen. Und die Flüchtlingsproblematik, mit der Europa Italien solange allein ließ, ist jetzt eben eine griechische. Die Leute dort wissen wenigstens schon, was sie von Europa zu erwarten haben.

W.F.

KS 20
New York, 2020

Schluss mit dem Lockdown!
Die Leute werden noch ganz verrückt!
Und die Verrückten werden immer noch verrückter!!
Und, glauben Sie mir, ich weiß, wovon ich spreche!!

Der ganz normale Wahnsinn im Weißen Haus

Schlägt China jetzt zurück?!

Mehr Abstand!!

Das geht doch nicht! Die halten auf ihren Booten und beim Ertrinken einfach nicht unsere Abstandsregeln ein!!
EUROPA

Europa und das Elend auf den griechischen Inseln ...

EU-Gipfel
Schluss mit diesen Eurobonddiskussions-orgien!!

Hamsema nen Euro?!
Bitte 1,5m Abstand!

Raucherbereich
Smoking Area
Mundschutzpflicht
Rauchen kann tödlich sein!
KS 20

Cool! Endlich wieder in Freiheit!! In Clubs gehen, in Bars, Leute treffen, mit Kumpels abhängen, Liebe machen, Sport, ins Stadion gehen, shoppen, verreisen...!!

Pauschaltourismus 2020 ...

Wirtschaft 2020
Autoindustrie
Luftfahrt
Hotellerie & Gastronomie
Bauernverbände
Einzelhandel
Tourismus
Kunst & Kultur
Rüstung

Das neue Zeitalter...

Immer mehr Menschen nehmen Rücksicht auf unsere Helden an der Kasse...

Als Nächstes:

Selbstgenähte Masken für alle Bäume in dichstehenden Wäldern zum Schutz gegen den Borkenkäfer

Wo kommen eigentlich die ganzen Millionen und Milliarden für die Corona-Hilfen plötzlich her?!
Wurde alles bei den Schultoiletten eingespart!

In Turkmenistan ist das Wort Coronavirus verboten, und man darf auch privat nicht über die Krankheit sprechen!
Irre! Über was kann man sich denn sonst noch unterhalten?!
KS 20

Mai

Anfang des Monats kommt es zu ersten großen Demonstrationen gegen die Maßnahmen zur Eindämmung des Virus. Das Spektrum reicht von engagierten Bürgerrechtlern bis zu Verschwörungstheoretikern und Reichsbürgern. Extrem rege beteiligt sich allerdings die extreme Rechte. Zugleich kommt es zu Lockerungen: Begegnungen von Menschen aus zwei Haushalten werden erlaubt, ebenso Besuch in Pflegeheimen, dann wird auch der Unterricht wieder aufgenommen, die Kontrollen an den Außengrenzen beendet. Tests werden erheblich ausgeweitet und die Infektionsrate geht deutlich zurück. Deutlicher Ausbau von Sozialleistungen (Kurzarbeiter-, Eltern-, Arbeitslosengeld etc.). Die Bundesliga-Saison wird fortgesetzt – allerdings ohne Publikum. Deutschland und Frankreich schlagen einen EU-Wiederaufbaufonds von 600 Mrd. € vor. Erste erfolgreiche Impfstoff-Tests.

Anstandsregeln. Ein Wort von gestern. Von Dergleichen hat man inzwischen Abstand genommen. Aber gerade letzterer wird zum Anstand von heute und sogar zur neuen Regel. Erhellendes zu diesem Zusammenhang finden wir in Schopenhauers Stachelschwein-Parabel[1], eine Art vorausschauender Corona-Philosophie. Abstand halten ist jedenfalls die erste Bürgerpflicht.

Springer schießt wieder mit. Dem Berliner Virologen Drosten haben wir den frühen Einstieg ins Testen zu verdanken, das mit ausschlaggebend dafür war, dass wir bislang so viel besser als andere durch die Krise gekommen sind. Der Mann ist aber auch ein unbequemer Mahner und Warner. Paradoxerweise gerät der Erfolg seiner Methoden tatsächlich teilweise in Widerspruch zu seinen wenig zuversichtlichen Prognosen. Für die Springer-Presse – allen voran BILD, das Leitmedium des deutschen Populismus – ist das ein Grund (bzw. Vorwand), ihn zum Buhmann aufzubauen und systematisch unter Beschuss zu nehmen.

Make Trump first again? Das amerikanische Bergamo heißt New York, nur ist dort alles größer, auch die Anzahl der Probleme. Aber hier wie da sind nicht nur die Krankenhäuser überlastet, sondern auch die Bestattungsunternehmer. Das hindert den amerikanischen Präsidenten nicht daran, mehr Lockerungen einzufordern. Seine nicht zuletzt von der wirtschaftlichen Entwicklung abhängende Wiederwahl ist ihm wichtiger als alles andere.

Gleichschaltung. Menschenansammlungen sind weltweit verboten. Auch in Hongkong. Außerdem ist die Weltöffentlichkeit von Kopf bis Fuß auf Corona eingestellt: Die Gelegenheit ist also doppelt günstig für China, der Stadt ein „Sicherheitsgesetz" aufzuzwingen, das den Autonomiestatus aushöhlt. Es kommt gleichwohl zu gewaltsamen Protesten in der Stadt und zu internationaler Kritik. Beides kann allerdings die Verabschiedung des Gesetzes durch den chinesischen Volkskongress nicht verhindern. Mehrere Aktivisten in Hongkong geben den Kampf auf. Ein Land – zwei Systeme? Immer weniger.

Präsidenten-Hobby. Normale Kleinkinder bauen gerne Türme und reißen sie dann ein. Der von zahlreichen Psychologen als infantil eingeschätzte Donald T. verteilt das auf zwei Phasen. Als Immobilien-Tycoon hat er gebaut, als Präsident reißt er ein, was andere aufgebaut haben. Auf der Strecke geblieben sind u.a. bereits die guten Beziehungen zu Europa, generell die Berechenbarkeit in der Außen- und Verteidigungspolitik, die bisherigen Regeln des Welthandels, Abrüstungsverträge mit Russland, das Pariser Klima-Abkommen, der Atomvertrag mit dem Iran. Ein Ende ist noch nicht abzusehen.

W.F.

1 nachzulesen z.B. unter: www.projekt-gutenberg.org/schopenh/stachel/stachel.html

Bademode 2020 ...

Ein Riss geht durch die Republik!

Verschwörungstheoretiker spricht aus eigener Erfahrung...

Keine Isolationshaft!
WIR SIND DAS VOLK!
WIDERSTAND
Freiheit!
ABSTAND = TERROR
ALLES NUR PANIKMACHE
Gegen Impfterrorismus
ndlich wieder Urlaub in Ischgl!
Weg mit dem Lockdown!
Schluss mit Quarantäne!!
Masken sind Folter!!
WIR WOLLEN WIEDER BEWEGUNGSFREIHEIT!
Mehr Partys!
Gesundheit ist nicht alles!!
Schluss mit der Virologen-Diktatur!

Weg mit dem Maulkorb!
Freiheit statt Zwang!
Gib Gates keine Chance!
Drosten = Lügner
Corona tötet NICHT! ANGST TÖTET!
Gates = Satan!
IMPFTERRORISMUS
Stoppt die Merkel-Diktatur!
WHO und RKI manipulieren uns!
Politikerabschaum = Volksverräter!
Wir wollen unser Leben zurück!
VERSCHWÖRUNG
Zerstört Killer-5G!
CORONA LÜGE
Corona Biowaffe!
Stoppt die neue Weltordnung! Stoppt Gates!
Du kannst die nicht alle in einen Topf werfen! Du musst differenzieren zwischen denen!
Volldurchgeknallte. Halbdurchgeknallte. Einvierteldurchgeknallte.

Corona-Demonstrationen in Bergamo, New York und Rio...

Leute da unten glauben echt, dass ich in 7 Tagen ihre Erde erschaffen hätte!
Verschwörungstheoretiker. Die gibt es ja nicht erst seit Corona!
KS 20

Endlich wieder Bundesliga!

CORONA LOCKDOWN
EXIT
KS 20

Wann werden endlich die Grenzen geöffnet ?!

Der Stand der Brexit-Verhandlungen …

Die Krise als Chance !!
CORONA
Hongkong

Ich brauch keine Maske!

Es müssen sich in
unserem Archiv doch noch
irgendwelche internationalen
Verträge finden lassen, die
ich noch aufkündigen könnte!
KS 20

Geil hier! Man fühlt sich echt wie zuhause...
... auf dem Tiermarkt in Wuhan!
KS 20

Durch die staatlichen Hilfen konnten wir einen vollkommen neuen Verbrennungsmotor entwickeln!
AUTO-INDUSTRIE
KS 20

Juni 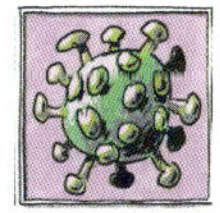

Erfreulicher Rückgang v.a. bei den schweren Infektionen. An Pfingsten deutlicher Andrang in den Feriengebieten. Die Bundesregierung beschließt ein Konjunkturpaket von 130 Mrd. und die EU die Wiederherstellung der vollen Freizügigkeit (ab 1.7.). Die lange umstrittene Wirksamkeit von Atemmasken wird endlich wissenschaftlich bestätigt.

Keine Luft zum Atmen. Mit George Floyd stirbt ein weiterer farbiger Amerikaner infolge von Gewaltanwendung durch die Polizei auf den Straßen der USA. Mehr als 8 Minuten lang wird dem wehrlos am Boden Liegenden die Luft abgedreht. Mehr als 30mal wiederholt er: „I can't breathe!" – eine traurig-treffende Metapher für den Zustand seines Landes unter Trump.

Pressefreiheit (Grundgesetz, Art. 5). Ausgerechnet der Innenminister, gerne auch als Verfassungsminister bezeichnet, kündigt per BILD-Zeitung eine Klage wegen Volksverhetzung gegen eine taz-Journalistin an. Seine Vorwürfe lösen unter Juristen bestenfalls Kopfschütteln aus. Doch seit Hermann Höcherl wissen wir ja, dass ein Innenminister nicht immer mit dem Grundgesetz unter dem Arm herumlaufen kann, schon gar nicht, wenn er aus Bayern kommt.

Viel Holz. Brasiliens Präsident Bolsonaro hält das Virus, das er gut überstanden hat, generell für ungefährlich. Viele denken, dass ihm Corona durchaus willkommen ist als Helfer bei der Dezimierung der Ureinwohner, die immer wieder mal ein (kleines) Hindernis bei der Abholzung bzw. Abfackelung des Regenwaldes darstellen.

Unverfrorenheit. Dass Corona die Spielregeln der Marktwirtschaft weitgehend außer Kraft gesetzt hat, ist so gut wie allen Beteiligten recht. Ohne den Staat geht augenblicklich nichts, seine Subventionen nimmt man gern: schlappe 9 Mrd. im Fall der Lufthansa. Aber Gegenleistungen auf sozialem oder ökologischem Gebiet sind inakzeptabel, man muss ja schließlich marktwirtschaftlich handeln!

Shalom / Salem. Israel und die Vereinigten Arabischen Emirate schließen ein Friedensabkommen. Damit ist die volle diplomatische Anerkennung verbunden, ohne den bisher verlangten vorherigen Rückzug Israels aus den besetzten palästinensischen Gebieten, der auch von den Vereinten Nationen gefordert wird: ein weiterer Sargnagel auf der auch von Deutschland und der EU angestrebten Zwei-Staaten-Lösung.

Ausgeschlachtet. Bei Deutschlands größtem Schlachtbetrieb für Schweine (über 16 Mio. Tiere pro Jahr) sind von ca. 6.000 Beschäftigten etwas über 1.400 positiv getestet worden. Inkriminiert werden insbesondere die Rekrutierungs-, Arbeits- und Wohnbedingungen der Leiharbeiter, größtenteils aus Südost-Europa. Tönnies verspricht Verbesserungen – nicht zum ersten Mal. Der Landkreis Gütersloh wird europaweit zu einem der bekanntesten Corona-Hotspots. Unternehmer Clemens Tönnies sieht sich zum Rückzug aus etlichen Ämtern und Funktionen gezwungen, insbesondere als Präsident von Schalke 04.

W.F.

Okay, kann sein, dass es in unseren Reihen auch Rechtsradikale, Nazis, Antisemiten und Ausländerhasser gibt – aber Rassisten?! Niemals!!
KS 20
POLIZEI

Bild
UNABHÄNGIG ÜBERPARTEILICH
In den Krankenhäusern sind tausende von Intensivbetten nicht belegt!
Skandal:
Viel zu wenig Infizierte in Deutschland!
Und wer hat Schuld? Drosten!!
KS 20

Laschet entscheidet

Die drei Phasen der Corona-Krise

Ein 9-Milliarden-Hilfspaket bekommen die vom Staat?!
Der Druck und Versand tausender Kündigungsschreiben – das kostet halt!
Lufthansa
KS 20

Jetzt gehen Sie mal schön shoppen, junge Frau, dass unsere Wirtschaft wieder anspringt!
KS 20

Haaallooo, Leute!!!
Wir kommen aus Gütersloh! Schöne Grüße an alle von Tönnies!!!
Gut gemacht! Endlich Platz!

Hallo, hier Ihre Corona-Warn-App! Sie haben sich über 15 Minuten lang in der Nähe eines Schweinesteaks aus der Fleischfabrik Tönnies aufgehalten! Begeben Sie sich umgehend zum nächsten Gesundheitsamt!!

Alles für das Tierwohl!

Ich wollt' mich mal von euch beraten lassen wegen der TAZ ...
KS 20

Wenn Russland Israel wäre, und Putin Netanjahu, und die Krim das Westjordanland, dann wäre die Krim-Annexion doch okay! Oder?

Die Pandemie in Brasilien

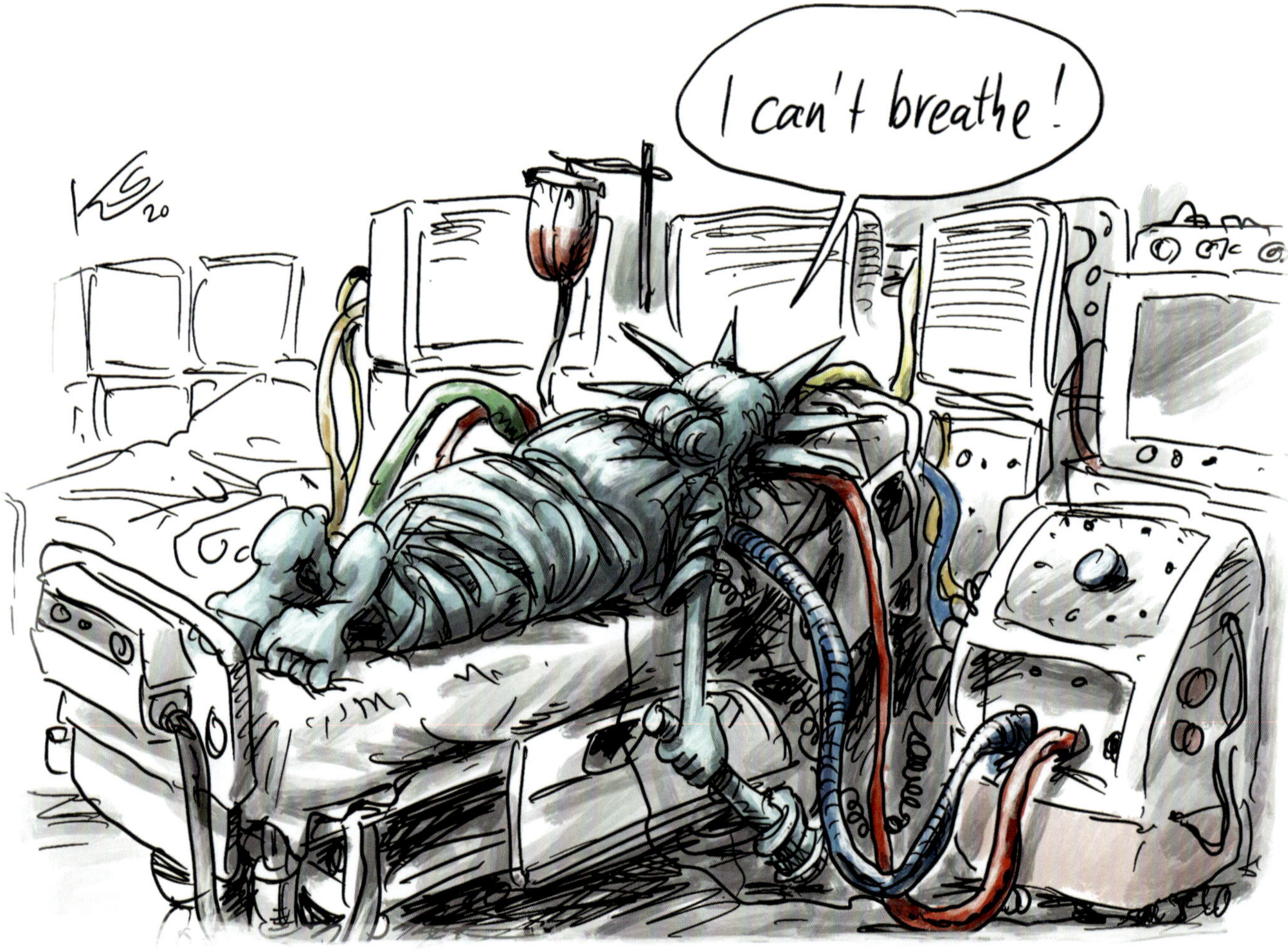
I can't breathe!

Der Beschluss, 9000 Soldaten aus Deutschland abzuziehen

Die republikanische Partei meldet sich zu Wort...

Polizeigewalt! Rassismus! Aufruhr! Plünderungen! Proteste!
Die Pandemie ist vorbei! Endlich alles wieder normal!
KS 20

Juli 

Gleich zu Beginn des Monats wird ein corona-bedingter Nachtragshaushalt beschlossen mit einer Neuverschuldung von bis zu 218 Mrd. € (fast zwei Drittel des Gesamthaushalts 2019). Am 21. einigt sich die EU auf ein Haushalts- und Hilfspaket von 1,8 Bio. € für die kommenden 7 Jahre, inklusive 750 Mrd. Konjunktur- und Investitionsprogramm gegen Pandemie-Folgen. Die zu Monatsbeginn stark rückläufigen Infektionszahlen steigen zum Ende erneut rapide an. Donald T., Präsident des Landes mit den meisten Corona-Toden, verkündet: „Im Vergleich zu den meisten anderen Ländern, die schrecklich leiden, schlagen wir uns sehr gut."

Wenn das Nansen, Amundsen und Peary wüssten! Das Forschungsschiff „Polarstern" kommt überraschend schnell voran auf seiner Reise an den Nordpol. Teils gibt es gänzlich freie Fahrt, teils eine unerwartet dünne Eisdecke. Die Redewendung „Man wird sich warm anziehen müssen" wird sich nicht mehr lange halten.

Es darf weiter gekokst werden. Der Bundestag beschließt zu Beginn des Monats den Kohle-Ausstieg. Enddatum: 2038. In Österreich ist dieses Jahr Schluss damit. Polen will noch ein paar Jahrhunderte weitermachen. Wie heißt es doch: Europas Reichtum sind seine Unterschiede.

Rechts-Staat – bald so zu schreiben? Die Gefahr von rechtsaußen wächst, sagt die Polizei. Sie wächst allerdings auch in der Polizei selbst, der Armee (v.a. den Elite-Einheiten), den Geheimdiensten. Hier Abhilfe zu schaffen, ist Sache eines Innenministers, der den Extremismus-Verharmloser Maaßen vom obersten Verfassungsschützer zu seinem Staatssekretär befördern wollte. Sonst noch Fragen?

Gigantische Kraftanstrengung. Auf dem EU-Gipfel ist kaum Glaubliches erreicht worden, eine galileische Wende: Deutschland bewegt sich doch! Es stimmt einem Mechanismus zu, der im Endeffekt die Vergesellschaftung von Schulden bedeutet und einen längerfristigen Schutz der gemeinsamen Währung bewirken soll. Am meisten davon profitieren werden zunächst Italien, Spanien und Frankreich, langfristig, so wird erwartet: alle. Das Wort „Eurobonds" bleibt tabu, aber gekleckert wurde nicht. Und das ist gut so.

Größenwahn 1, amerikanische Version. US-Präsident Trump lebt in seiner eigenen Realität und unterliegt Allmachtsphantasien. Oder spricht er sich nur Mut zu vor einer schwierigen Wahl?

Größenwahn 2, türkische Version. Sein Kollege Erdogan bleibt allerdings ein scharfer Konkurrent. Nun wird eine der ältesten christlichen Kirchen, die Istanbuler Hagia Sophia, die unter ottomanischer Herrschaft zur Moschee wurde und inzwischen als Museum fungierte, von Sultan Recip dem Mächtigen erneut islamisiert. Symbolpolitisch deutlicher kann der Autokrat kaum zeigen, in welcher Tradition er sich sieht. Eine Kampfansage an weite Teile der Region.

Die fetten Jahre sind vorbei. Russlands Wirtschaft und Putins Herrschaft verzeichnen eine gegensätzliche Entwicklung. Während die einen nicht mehr satt werden, sitzt der andere umso fester im Sattel.

W.F.

Warten auf die nächste Welle

Urlaub auf Malle

Mich testen lassen bei der Rückkehr nach Deutschland? Da geh ich doch lieber in Quarantäne und hab' 2 Wochen länger Urlaub!
KS 20

uff!
So war's
So ist's
RUMMS!!
So kommt's

KASSE
Badelatschen, Badehose, T-Shirts, Bermuda-Shorts, Sonnencreme – wohin geht es denn?
Zur Expedition an den Nordpol!

Armer Borkenkäfer! Nicht mehr lange, dann findet er hier im deutschen Wald nichts mehr zu fressen!
KS 20

Die Regierung tut alles für den Schutz unserer Gesundheit !

Verfassungsschutzbericht:
Beunruhigender Anstieg der Infektionszahlen!

Ich fühle mich von Rechtsextremisten bedroht!!
POLIZEI-DIENSTSTELLE IN HESSEN
KS 20

Rassismus bei der Polizei?
Stellungnahme
KS 20

Das Kanzleramt auf dem Weg nach München?!
Der Söder will doch unbedingt in Bayern bleiben!

Europa und der Stier

Der EU-Gipfel

Ich werde die ganze Virologie verbieten !!
Dann ist Schluss mit Corona !
RESIDENT OF THE UN
KS 20

VIRTUAL REALITY oder: MASKENTRAGEN IM WEISSEN HAUS ...

Der Westen wandelt den Petersdom jetzt in ein Museum um!
Das ist die richtige Antwort auf Erdogan!
KS 20

Russland 2036

August

Kurz nach Monatsbeginn Verhängung einer Testpflicht für Rückkehrer aus Corona-Risikogebieten. Das betrifft v.a. einige Regionen in Spanien. Russland lässt den weltweit ersten Impfstoff zu, an dessen Zuverlässigkeit gezweifelt wird. Neben- und Gegeneinander von weiteren Lockerungen und steigenden Gefahren: Zulassung von mehr Massenveranstaltungen und höchste Infektionszahlen seit Anfang Mai. Großdemo in Berlin gegen Corona-Auflagen.

Self fulfilling prophecy. Donald Trump will anscheinend das Ergebnis der Präsidentschaftswahl nur anerkennen, wenn er gewinnt. Alles andere ist für ihn notwendigerweise Resultat von Manipulationen, insbesondere bei der Briefwahl. Vorsorglich wird der Postservice von ihm so kaputt gespart, dass am Ende tatsächlich Transport-Engpässe nicht auszuschließen sind.

Freindschaft! Für die sehr speziellen Beziehungen der Nachbarn Griechenland und Türkei musste ein neues Wort gefunden werden. Schon seit langem weisen die beiden gegeneinander aufrüstenden NATO-Staaten die prozentual höchsten Ausgaben für „Verteidigung" in Europa auf. Nun stellt die Türkei die Seegrenze zwischen beiden Ländern in Frage und sucht in bisher weithin als griechisch geltenden Gewässern nach Erdöl und -gas. Nicht nur Bohr- sondern auch Kriegsschiffe laufen aus.

Griff nach den Sternen. Markus S. will zum Corona-Super-Star werden. Daher kündigt der Freistaat Gratis-Tests in großem Stil an. Doch hapert es bei der Durchführung, es kommt zu einer Überlastung der entsprechenden Einrichtungen, unzumutbaren Wartezeiten beim Test und bei den Resultaten. Ein Stern verblasst, jedenfalls vorübergehend.

Glühende Landschaften. Immer heißere Sommer führen - besonders dieses Jahr - zu immer verheerenderen Waldbränden im Westen der USA. Wie gut ist es da, wenn man einen Präsidentschaftskandidaten hat, der eine bevorstehende Erdabkühlung ankündigt, sozusagen als Teil seines Programms. Trump, wie er leibt und lügt.

Überreaktion. Ganz auf Transparenz angelegt war der Parlamentsneubau in Bonn, der nicht mehr zum Einsatz kam. Dem wilhelminischen Reichstagsgebäude hat man immerhin so viel davon eingebaut, wie möglich war. Was war man stolz darauf! Und jetzt soll sich das Parlament verschanzen, nur weil man es versäumt hat, das Gebäude beim durchaus angekündigten „Sturm auf Berlin" angemessen zu schützen?

Déjà vu? Das erinnert uns doch an etwas: Die letzte Wahlmanipulation ist offenbar genau eine zu viel. Die 80 Prozent der Stimmen, die der gerade mal seit 27 Jahren regierende belarussische Staatspräsident Lukaschenko bekommen haben will, nimmt ihm keiner ab. Das Volk spielt nicht mehr mit, sondern geht auf die Straße, wochen-, ja monatelang. Auch die massive Polizeigewalt bringt die Massen nicht zum Verstummen. Wie soll das in diesem Fall enden?

W.F.

Wir werden schon bald einen Kanzlerkandidaten bestimmen!
Um dann mit aller Kraft dafür kämpfen zu können, nicht unter die 5%-Hürde zu rutschen!

Entschuldigung...! Gibt es hier einen Herrn Hans Mayer? Ich habe eine dringende Nachricht für ihn! Er wurde bei uns in Bayern vor 6 Wochen positiv auf Corona getestet!!
Hans Mayer

Das Gute am Föderalismus

Wahnsinn! Tausende Corona-Intensivbetten stehen leer! Eine gigantische Fehlplanung! Eine finanzielle Katastrophe!
Höchste Zeit, dass die 2. Welle kommt!
KRANKENHAUS

Muss man als Schwarzfahrer eigentlich auch Maske tragen?
Ich denke, das ist von Bundesland zu Bundesland verschieden.

20 000 ?! Sollten das nicht 500 000 werden ?!
Wurden beinahe alle von Bill Gates weggebeamt!
Corona-Diktatur: NEIN DANKE
WIR WOLLEN UNSER LEBEN ZURÜCK!!
Wir sind das Volk!!
DROSTEN = SATAN!
Die Welt ist eine Scheibe!
KS 20

Machen Sie sich mal keine Gedanken, Frau Bundes-kanzlerin! 3 Kollegen sind vor Ort, wir haben alles im Griff!

Unser Parlament schützen!
Wie schön! Endlich mal wieder das alte Berlin-Feeling!

Man will den Reichstag jetzt besser schützen!
Zu spät, die AfD sitzt schon drin!
DEM DEUT... VOLKE

Wahlbetrug in Belarus! Proteste! Verhaftungen! Polizeigewalt!
Was regen sich die Leute dort so auf? Wenn die erst mal in einer Merkel-Diktatur leben müssten!!
reiheit

Präsident sucht neues Volk

Von Russland lernen …

Was machen, wenn uns am 3. November eine Niederlage droht?
Ich werd' mal Lukaschenko fragen!
KS 20

Kampf der Briefwahl!!
KS 20
USPS
US POSTAL SERVICE

Nachweislich überlebt in den lodernden Waldbränden von Kalifornien auch das China-Virus nicht! Warum stecken wir also nicht gleich ganz Amerika in Brand?!
THE WHITE HOUSE
WASHINGTON

Entweder du kaufst mein Gas!
Oder du kaufst gar kein Gas!
KS 20
Es lebe die deutsch-amerikanische Freundschaft!!

Ein großartiger Golfplatz!
Wenn da nicht überall diese
Trottel und Loser liegen würden…!

Wahlkampf an der Westküste ...

Russischer Wanderimpfstoff

Friendly fire im Mittelmeer...

Minister Scheuer für mehr Lärmschutz!

Mmmh, echtes Leitungswasser! Köstlich! Wo habt ihr das her?!
Von Amazon!
Immer mehr Gemeinden droht Wassermangel...

September

Ausweitung der weltweiten Risiko-Länder und -Regionen. Zuschauer bei Bundesliga-Spielen mit erheblichen Einschränkungen wieder möglich. Dagegen Ausweitung der Maskenpflicht und Einschränkung des Alkohol-Ausschanks. Sperrstunde um 23 Uhr. Schulanfang in allen Ländern ohne größere Folgen. Private Feiern als wichtigste Treiber von Neuinfektionen identifiziert. Der US-Präsident räumt ausnahmsweise etwas ein: „Ich wollte es (das Virus) immer herunterspielen. Ich spiele es auch immer noch gern herunter, weil ich keine Panik erzeugen will.“

Freiheitsdrang versus Realpolitik. Das Volk von Belarus hat offenbar alle Angst verloren, sein Herrscher vielleicht nicht. Er ist auf Kreml-Unterstützung angewiesen. Vor allem Frauen sind es, die furchtlos die Fortsetzung des Widerstands organisieren. Diese Entschlossenheit beschämt ein Europa, das sich nur mühselig zu lauwarmen Protesten und Sanktionen durchringt. Das Volk von Belarus kämpft allein. Angesichts der zunehmend deutlichen Rückendeckung durch Moskau setzt anscheinend niemand mehr auf ein Ende der Ära Lukaschenko. Anders als 1989 sitzt heute kein Gorbatschow im Kreml, sondern einer, der erklärtermaßen machtpolitisch das Rad der Geschichte zurückdrehen will. Eine Demokratisierung in Minsk nebst drohender Abwendung von Moskau passt da gewiss nicht ins Konzept.

Brandstiftung. Ein Lager für 3.000 Flüchtlinge, in dem 15.000 hausen mussten, ist abgebrannt. Wer immer das Streichholz in die Hand genommen hat, den Zündstoff hat Europa über die Jahre sich anhäufen lassen.

Unfasslich. In Kenosha (Wisconsin) wird ein Afro-Amerikaner verhaftet und, obwohl er sich nicht wehrt, von einem Polizisten sieben Mal in den Rücken geschossen. Teilweise gewaltsame Proteste werden niedergeschlagen, dann reist Anfang September der Präsident an, beglückwünscht die Ordnungskräfte zu ihrem Tun; das Opfer und seine Familie besucht er nicht, erwähnt er nicht. Black lives matter? Das gilt offenbar nicht für alle.

Ein Pulk von Siegern. Wahlen in NRW: Wieder einmal erklären sich so gut wie alle Parteien zu Siegern. Das kann irgendwie nicht stimmen. Einer aber kann sich gewiss freuen: Armin Laschet, der erneut gezeigt hat, dass er in einem alten SPD-Kernland gewinnen kann. Mit diesem Erfolg bei den Wählern kann er vor dem entscheidenden Parteitag punkten gegenüber Merz, der deutlich mehr Zustimmung bei den Parteimitgliedern hat.

Brexit ante portas. Die britische Verhandlungsposition ist weiterhin die: man will alle Vorteile einer EU-Mitgliedschaft, keine der Verpflichtungen, auch nicht die erst beim Austritt eingegangenen. Die Bereitschaft zum Vertragsbruch wurde vom Parlament gebilligt. Also Kurs auf „no deal“, auf harten Brexit.

Am „Deutsche Bank“-Wesen soll die Welt genesen? Durch die sog. FinCEN-Files ist ein weltweiter Geldwäsche-Skandal aufgeflogen. Seit langem gelten eigentlich scharfe Regeln für die Meldung von verdächtigen Transaktionen. Doch der sind viele Banken mit auffälliger Langsamkeit, sprich teilweise jahrzehntelanger Verspätung, nachgekommen und die Bankenaufsicht hat's nicht mitbekommen: Drogenhändlern, Terroristen, Mafiosi und sonstigen besser Verdienenden ist das reichlich gut bekommen. Die Deutsche Bank wird wieder mal an prominenter Stelle mit genannt und wirbt auf ihre Art mit ihrem guten Namen für das Land.

W.F.

Die Lage in Belaruss:
Keine Angst! Hab' alles im Griff!
KS 20

Law and order!

KS 20
UN
Sie ist doch unbenutzbar, warum reißt man sie nicht ab?
Denkmalschutz!

MORIA
Wir brauchen eine europäische Lösung!
Das ist die europäische Lösung!

Entsetzte Reaktionen in aller Welt

Sanktionen gegen mich? Was heißt das, Angela?
Wir gucken dann beide in die Röhre, Wladimir!
NORD STREAM 2
KS 20

Er chattet wieder,
der Kollege!
POLIZEI
NRW
KS 20

Endlich wieder alle auf gleicher Augenhöhe!
NRW 34%

Meine Verhandlungsposition ist ja wohl schon klar !?
Brexit-Gespräche

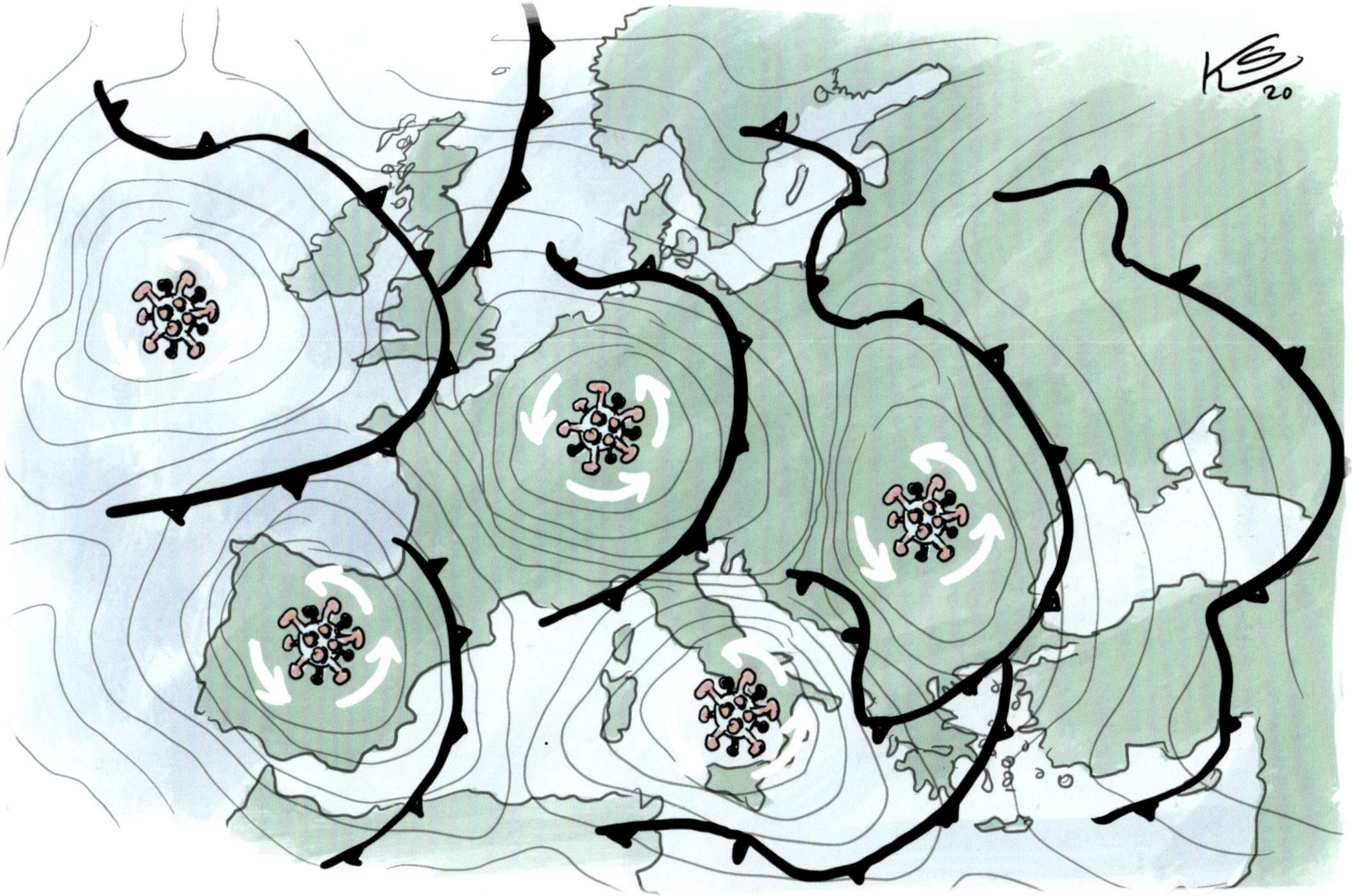

Beginn der Herbststürme

Wir sollen unseren Herbst- und Weihnachtsurlaub mal ausnahmsweise in Deutschland verbringen, sagt der Spahn!
Niemals! Auf meinen Flug zu den Kanaren und meine Kreuzfahrt zu den Lofoten bestehe ich!!
KS 20

Danke! Danke!! Ihr Heldinnen und Helden!! Euer Einsatz ist einfach...
...unbezahlbar!!!
KS 20
Warnstreik
Wir fordern 4,8% mehr Lohn!

Der neue Warhol im Hamburger Bahnhof

Die Architektur der Bankenviertel weltweit wird auch immer einförmiger!

Oktober 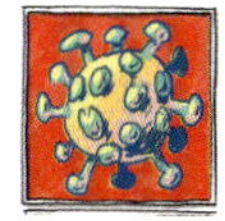

Donald und Melanie Trump positiv getestet. Die Ärzte verbreiten fake news über die Schwere der Erkrankung, die der Betroffene auch in Nachhinein weiterhin verharmlost. In Europa, auch in Deutschland, erneuter steiler Anstieg der Infektionsrate. Dramatischer Appell der Kanzlerin an die Bevölkerung, nachdem Mitte des Monats keine Einigung mit den Ministerpräsidenten zu erzielen war. Nach einem nunmehr explosionsartigen Anstieg kommt es am 28. bei einem Stand von 15.000 Neuinfektionen pro Tag zu einer unerwartet einstimmigen Einigung von Bund und Ländern auf einen Quasi-Lockdown für November. Die Wirtschaft und das Schulwesen sollen, anders als im Frühjahr, funktionsfähig bleiben, alle sonstigen Kontakte werden weitestgehend unterbunden.

Zweite Welle, Akt 1. Die Infektionszahlen steigen und es sieht sehr nach Dauerwelle aus. Zu Beginn der Herbstferien gelten, von Bundesland zu Bundesland bunt variierend, neue Corona-Auflagen, v.a. neue Beherbergungsverbote (die meistens von den Verwaltungsgerichten aufgehoben werden). Der behördliche Flickenteppich sorgt dafür, dass die Akzeptanz staatlicher Maßnahmen nicht nur bei notorischen Wirrköpfen sinkt.

Akt 2. Die zweite Welle nimmt erheblich an Fahrt auf, die Zahlen explodieren. Einschneidende Beschlüsse stehen an. Den Takt gibt dieses Mal wieder das Kanzleramt vor, die Länder ziehen mit. Doch was ist mit dem Parlament? Dort muss offen debattiert und dann entschieden werden. „Alternativlos" gilt dort nicht. Die Krise mag die Stunde der Exekutive sein – aber nicht auf Dauer.

An der Virus-Front. Staatspräsident Macron spricht gern vom Krieg gegen die Pandemie. Deutschland redet weniger martialisch, setzt aber die Armee ein. Bundeswehr-Soldaten helfen in den Gesundheitsämtern aus (außer in Berlin-Kreuzberg, der dortigen Bürgermeisterin ist nicht zu helfen). Dem Vernehmen nach soll aber wegen mangelnder Treffsicherheit nicht mit dem alten Sturmgewehr auf Viren geschossen werden.

Konservative Revoluzzion. Friedrich Merz, als langjähriger Deutschland-Chef von Blackrock, des weltgrößten Vermögenverwalters, der Inbegriff des Establishments, begehrt in Revoluzzer-Attitüde gegen Teile eines speziellen Establishments auf, gegen das seiner Partei. Der diskriminierte Underdog im Kampf gegen die Herrschenden wie einst Rudi Dutschke. Tolle Rolle.

Airport Absurdistan. Im Jahr 2006 erfolgte der erste Spatenstich. Nach einer ersten Verschiebung um ein Jahr waren anno 2012 längst die Einladungen zu den Eröffnungsfeierlichkeiten verschickt, als irgendjemandem auffiel, dass noch ein paar Kleinigkeiten zu erledigen waren. Seitdem: viele neue Termine, neue Probleme, neue Chefs (oft mehr Teil der Probleme als Teil der Lösung). Allein am Bau entstanden gegenüber 2012 Mehrkosten in Höhe von 4 Mrd. €. Ab sofort soll es dort richtige Flüge geben – freilich wegen Corona zunächst ins Defizit. Guten Start in bessere Zeiten.

W.F.

Sein Herz und sein Hirn müssen schwer geschädigt worden sein durch das Virus!
Er ist plötzlich so empathisch, tolerant, nett und freundlich!
Worauf die Welt hofft…

Meine Ansteckung war ein Segen Gottes!!
Wenn man seine neuesten Umfragewerte ansieht, hat er echt Recht!
KS 20

Über 210 000 Amerikaner haben jetzt keine Angst mehr vor Covid-19!
Großartig! Mein Erfolg!

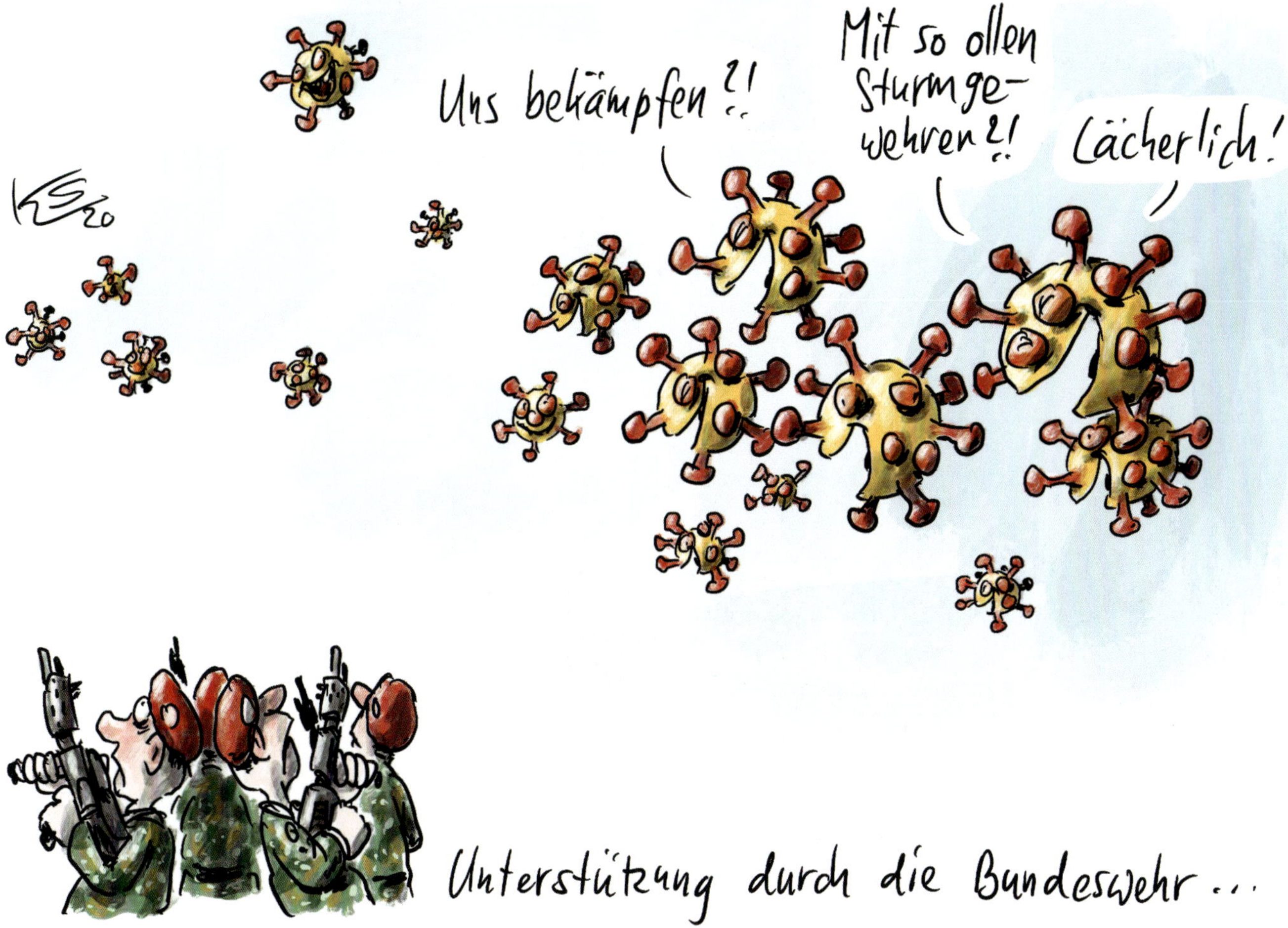
Uns bekämpfen?!
Mit so ollen Sturmgewehren?!
Lächerlich!
Unterstützung durch die Bundeswehr ...

Sperrstunde?! Keine Party mehr?!
Das ist doch krank!

Sperrstunde! Und was machen wir jetzt?!
Homeoffice!
Bitte Abstand!

In den Urlaub? Ich hätte da Personalausweise, Pässe und Nummernschilder von Nicht-Risiko-Gebieten!

Die Reiseregelungen in Deutschland
Oder: Mauer 2020

Den Ministerpräsidenten sei Dank! Endlich ein einheitlicher und klar verständlicher Corona-Kurs!!
100
70
5,5t
STOP
30
2m
D
KS 20

Große Einigkeit bei der Maskenpflicht!
Detailregelungen sind Ländersache
Rheinland-Pfalz
Saarland
Bayern
Niedersachsen
Berlin
Brandenburg
Hamburg
Schleswig-Holstein
Meck-Pomm
Sachsen
Baden-Württemberg
NRW
Hessen
Sachsen-Anhalt
Bremen
Thüringen
KS 20

Es ist nicht, wie du denkst!!
Ehrlich! Unser Klopapier ist
echt gerade jetzt zu
Ende gegangen!!

Die Sirene

Kampf dem Establishment!
Nieder mit den Bonzen!!
BlackRock.

Die von allen erwartete Eröffnungsrede:

November

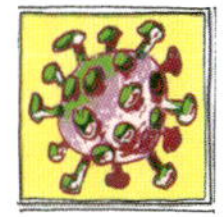

Corona findet zeichnerisch in diesem November nicht statt. Der US-Wahlkrimi hat die Alleinherrschaft übernommen. Immerhin soll hier nicht unerwähnt bleiben, dass die schlimmsten für Ende Dezember befürchteten Infektionszahlen schon in der ersten Novemberwoche erreicht wurden. Stand der Neuinfektionen pro Tag bei Redaktionsschluss (8.11.): 16.017. – Auch andere Themen sollen hier wenigstens angesprochen sein.

Novembergrau. Dieser Monat wird mit dem Sterbeglöckchen eingeläutet. Er beginnt mit dem Totensonntag. Schrecklich passend zu einer Zeit, in der eine weiterhin in vieler Hinsicht unbekannte Pandemie besonders in Europa und Amerika wütet. Seit Jahresbeginn tut sie das, mit einer Abschwächung im Hochsommer, aber umso unerbittlicher und unerwartet heftig nun im Herbst. Menschenleben, ganze Existenzen und Branchen, ja Volkswirtschaften leiden, stehen vor dem Aus. Der moderate zweite Lockdown wird nur helfen, wenn die Bevölkerung mehr Vorsicht walten lässt als von ihr verlangt wird. Der Appell an die Vernunft als letzte Hoffnung – fürwahr eine Verzweiflungstat.

Blutrot. Zu Totensonntag und Allerheiligen gehört auch das islamistische Attentat auf eine Kirche in Nizza. Es reiht sich ein in eine europaweite Kette, die mit dem Angriff auf Menschen begann, deren Verbrechen es war, ihre Büros in den ehemaligen Räumen von „Charlie Hebdo" zu haben, und – vorläufig – bis zum Attentat von Wien reicht. Die Serie zeigt deutlich, dass „Charlie Hebdo" keineswegs die Ursache für solche Taten ist. Satirische Bilder taugen ohnehin nicht zum Vorwand für Gewalt gegen Andersdenkende, Anders- bzw. Nichtgläubige, anders Liebende, anders Lebende. Das hätte man hierzulande genauso klar und unmissverständlich sagen müssen wie in Frankreich. In diesem Punkt darf nicht gewackelt werden, sonst ist bald Schluss mit Satire und Meinungsfreiheit generell.

Hängepartie mit glücklichem Ausgang. By Jo(v)e, das war etwas für starke Nerven. Erst in einer schon für unmöglich gehaltenem Aufholjagd geben die Briefwahlstimmen den Ausschlag zugunsten des demokratischen Kandidaten, den die restliche, zumindest die westliche Welt mit ganz wenigen Ausnahmen, klar favorisiert haben dürfte. Der vorhersehbare, von Trump ohne Begründung von vornherein als betrugsanfällig attackierte Showdown in der Briefwahl liefert diesem den Vorwand für einen letzten juristischen Amoklauf. Nebenbei gesagt: Briefwahl wird in den USA seit langem unbeanstandet praktiziert, warum das ausgerechnet in Zeiten der Pandemie illegitim sein soll, bleibt Trumps Geheimnis. Wie geht es weiter? Manche sehen den amerikanischen Präsidenten schon auf der Flucht vor seinen Schuldnern und den Strafverfolgungsbehörden und sich ins Ausland absetzen. Vielleicht mit dem Köfferchen mit dem berühmten roten Knopf? Andere erwarten den Versuch der Selbst-Amnestie, wieder andere, dass er sich als Agitator an die Spitze einer breiten Volksbewegung setzt, die sein Land noch lange nicht zur Ruhe kommen lassen wird. Nicht wenige trauen es Biden und Harris zu, das Land zu befrieden und rasch wieder normale politische Umgangsformen einzuführen. Hier ist nicht die Stelle zu spekulieren. Wir wollen aber Klaus Stuttmann ob des Verlusts einer seiner größten Inspirationsquellen zutiefst bedauern und uns für seine gesammelten Donald-Geschichten herzlich bedanken.

Wettervorhersage. Nächstes Jahr werden wir sie an dieser Stelle sicher nicht mehr zitieren, daher noch einmal zum Abschluss die tröstlichen, ja goldenen Worte, die unsere Langzeit-Kanzlerin auf dem Absprung zum Thema „zweite Welle" für uns bereit hält: „Der Winter wird hart …, aber er wird vorübergehen." Wie das Leben halt. Ach, wie gut, dass es (noch?) die Satire gibt!

W.F.

Man möchte einfach nicht mehr zugucken müssen!
USA 2020

Wer hat gewonnen?
Für uns ist das doch egal!

The winner iiiiiis ...!!
USA
In der Nacht des 3. November ?

Hallo! Ist das die Grenze zwischen USA und Mexiko?
Nein! Das ist die Grenze zwischen Demokraten und Republikanern!
KS 20

Sein letzter Deal...

Der Versöhner ...

Kurzbiografie

Klaus Stuttmann Jahrgang 1949, Schwabe, seit 1970 in Berlin. Studierte Kunstgeschichte und Geschichte, 1976 Magister. Seitdem freiberuflich tagespolitischer Karikaturist.

„Tagesspiegel“, „Leipziger Volkszeitung“, „taz“, „Badische Zeitung“, „Neue Osnabrücker Zeitung“, „Ruhrnachrichten“, „Weser-Kurier“, „Bonner Generalanzeiger“, „Rheinische Post“, „Rhein-Neckar-Zeitung“, „Schwäbische Zeitung“, „Passauer Neueste Nachrichten“, „Münchner Merkur“, „Münchner Kurier“ „Frankenpost“, „Freies Wort Suhl“, „Südwestpresse“, „Rhein-Zeitung“, „Magdeburger Volksstimme“, „Augsburger Allgemeine“, „Eifel-Zeitung“, „Neue Westfälische“, „Donaukurier“, „Lausitzer Rundschau“, „Nordkurier“, „Schweriner Volkszeitung“, „Lübecker Nachrichten“, „Ostseezeitung“, „Nordsee-Zeitung“, „Hannoversche Allgemeine Zeitung“, „Eulenspiegel“, „Spiegel-Online“ u. v. a.

Auszeichnungen: Diverse erste und zweite Preise bei der „Rückblende“ (Karikaturenpreis der deutschen Zeitungsverleger) und beim „Deutschen Preis für politische Karikatur“. Beim „Deutschen Karikaturenpreis“ einmal den Publikums- und 2016 den ersten Preis. In Italien 2010 den „Premio Satira Politica - Forte dei Marmi“.